Pendelverkehr zwischen Himmel und Hölle

Gedichte

Angela Weiland
Juli 2013

Herstellung und Verlag:
BoD - Books on Demand, Norderstedt
ISBN 978-3-7322-3923-8

Inhaltsverzeichnis

Vorwort

Eine schwere, wenn nicht sogar lebensbedrohliche
Erkrankung ist ein extremer Einschnitt im Leben.
Nichts ist mehr, wie es war.
Es bedarf erheblicher Willenskraft, sich davon nicht
unterkriegen zu lassen und immer wieder nach vorn zu
schauen.
Ich habe über Jahre einen Freund begleitet, der an
Krebs erkrankt war und daran auch starb.
Ebenso leben in meinem unmittelbaren Umkreis
nahestehende Menschen, die dieser Erkrankung die
Stirn bieten.
Ihnen allen gilt meine Hochachtung.
Ich habe die Verzweiflung und die Hoffnung,
das ständige Auf und Ab der Befindlichkeit, sowie die
Zerrissenheit ihrer Empfindungen miterlebt.
In meinen Gedichten bringe ich die ge- und erlebten
Gefühle zum Ausdruck.

Ich möchte mit meinen Texten Menschen in einer
solchen Situation aber auch ermuntern zu kämpfen,
alle Sinne und Selbstheilungskräfte zu mobilisieren,
und sich nicht aufzugeben.

Warum?

Dein Päckchen wird zu schwer,
dein Rücken ist gebeugt,
dein Blick geht nach unten,
du siehst kein Licht.

Dein Wille schrumpft,
deine Kraft lässt nach,
deine Augen sehen nur grau,
wo sind die Farben?

Weiße Tage

Weiße Wände, weiße Betten, weiße Kittel,
du kennst bessere Orte zu dieser Zeit.

Schmerzen, Angst und Unsicherheit,
erzeugen wahrlich kein Wohlbefinden.

Einsamkeit und Resignation gewinnen Oberhand,
du erinnerst dich an bessere Stimmungen.

Gleichgültigkeit und Ergebung
scheinen dir fast wie ein Geheimrezept.

Es ist nicht gerade dein Wunschprogramm
du hattest so viele Pläne.

Du hast keine Lust darauf
und die Schnauze gestrichen voll.

Am liebsten willst du hier raus
und fragst dich: wozu das Ganze.

Doch du stellst fest,
da ist noch ein anderes Gefühl.

Es ist wie eine Verpflichtung,
du bist dankbar für medizinische Hilfe, denn du
willst leben.

Wechselbad der Gefühle

Du erfährst, aber du kannst nicht begreifen.
Dein Hirn ist umgeben von Nebel.

Du fragst nach dem Warum und suchst nach
Erklärungen.
Längst Vergessenes holt dich ein.

Du klagst an und schreist gegen die
Ungerechtigkeit.
Dein Zorn bringt dich keinen Schritt weiter.

Du verhandelst ohne zu wissen mit wem.
Kompromisse scheinen eine Lösung zu sein.

Du akzeptierst dein Schicksal und stellst dich
der Herausforderung.
Neue Wege nehmen Kontur an.

Du erkennst, dass dir Vieles geblieben ist und
nutzt deine Möglichkeiten.
Langsam kommst du zur Ruhe und entwickelst
neuen Mut.

Gefahr

Du stehst in der Brandung,
Wellen schlagen über deinem Kopf zusammen,
die Strömung droht dir die Füße wegzureißen,
du darfst jetzt nicht aufgeben,
du musst dich anstrengen,
um nicht zu ertrinken im Chaos,
du musst kämpfen, um nicht unterzugehen.

Du hast das Ufer erreicht,
völlig erschöpft von dem Kampf gegen das Unheil,
du brauchst eine Pause, um dich zu erholen,
aber du hast es geschafft,
hast dich nicht unterkriegen lassen,
du bist zurück im Leben,
mit neuer Kraft und Zuversicht.

Es reicht.

Schon wieder das Gleiche,
schon wieder etwas Neues.

Es reicht.

Ständiger Alarm,
dauernde Alarmbereitschaft.

Es reicht.

Der Gedanke: ich will nicht mehr,
das Gefühl: ich kann nicht mehr.

Es reicht.

Keine Lust mehr zu kämpfen,
keine Geduld mehr, es hinzunehmen.

Es reicht.

Dennoch

kämpfst du,
hältst aus,
lebst du
und spürst manchmal auch ein wenig Glück und
Freude.

Es lohnt.

Leichter gesagt als getan

Gib deinem Blick die Richtung,
in die du gehen möchtest.

Es wird dann einfacher,
deinen Weg zu finden.

Denke an das Positive,
und es wird dir leichter fallen,
es zu erfahren.

Stecke dir Ziele,
die dir lohnenswert erscheinen.

Glaube an dich und vergiss nicht,
deine Seele zu streicheln.

Schnauze voll

Der Preis ist hoch,
der Handel nicht fair,
so hast du es dir nicht vorgestellt,
so willst du es nicht mehr.

Doch was bleibt dir?
du willst nicht einfach verlieren,
du hast keine andere Möglichkeit,
als weiterzumarschieren.

Deine Chance liegt darin,
mit deinem eisernem Willen
und all deiner Kraft
die Richtung mitzubestimmen.

Balance

Sie ist lebensnotwendig für Körper, Geist und Seele,
denn nur durch sie bleiben wir im Gleichgewicht.

Suche nach ihr.

Nein-- Vielleicht-- Ja

Eine Trilogie

Du fühlst Verzweiflung, Wut und Frust,
bist Galaxien entfernt von Lebenslust,
willst toben, schreien, trampeln und motzen,
dir den Körpermüll aus dem Halse kotzen.

Das ist kein Leben, du nennst es Verrat,
deine Stimmung hat nunmehr Tiefseeformat,
Dunkelheit , Leere und totale Einsamkeit.
das Desaster eignet sich nicht für Zweisamkeit.

Und doch dringt kurz eine sanfte Stimme an dein
Ohr,
für den Hauch eines Moments ruft sie ein
Innehalten hervor,
vielleicht ein Zeichen, doch was sollst du damit,
du bist beschäftigt mit dir und dem Höllenritt.

Geschundener Körper und nur noch
Gleichgültigkeit,
lähmende Erschöpfung macht sich in dir breit,
kein Fühlen, kein Denken, "lasst mich alle in Ruh",
du willst nur noch schlafen, die Augen fallen zu.

Du wachst auf und musst dich kurz orientieren,
willst dich nicht schon wieder im Chaos verlieren,
möchtest am liebsten abtauchen , wegschleichen
wie ein Dieb,
doch an deiner Tür klingelt der Überlebenstrieb.

"Was willst du hier, lass mich endlich allein",
doch er wäre kein Trieb, würde er folgsam sein,
er drängt sich auf und rüttelt an dir,
ist einfach hartnäckig und bleibt trotzig hier.

Dir fällt nach und nach ein, wofür es sich lohnt zu
leben,
tiefer geht es nicht mehr, also nach vorne
streben,
eine Prise Sehnsucht verändert ein wenig die
Sicht,
für dein Leben zu kämpfen empfindest du
plötzlich als Pflicht.

Der Anfang ist gemacht, der Pfeil zeigt klar nach oben,
doch weißt du aus Erfahrung, dass die Stürme weiter toben,
kalte Feuchtigkeit schlägt dir öfter ins Gesicht,
du drohst zu verlieren- dich und dein Gleichgewicht.

Du willst dich nun nicht mehr unterkriegen lassen,
und dein Schicksal mit beiden Händen fassen,
du fällst zwar öfter, doch stehst du schneller wieder auf,
nimmst die Herausforderung an und folgst deinem Lebenslauf.

Lebensqualität - was ist das?

Am Morgen empfängt dich nicht der Tag,
sondern die Nacht verstößt dich.
Du bist verpflichtet zum Marathonlauf
mit Eisenkugeln an den Beinen
und schweren Lasten auf deinen Schultern.
Der Energiehaushalt ist gestört
und sorgt für Kurzschlüsse.
Lebensfreude und Lebenslust haben sich
versteckt.
Dein Lebenswille kauert am Boden,
und alles ist von einem klebrigen Film aus
Gleichgültigkeit überzogen.
Dein Zustand gleicht einer Katastrophe.

Ein anderer Morgen weckt dich sanfter,
der Tag ersetzt friedvoller die Nacht.
Dein Körper bleibt ruhig
und du befindest dich in Wartehaltung.
Die Schwäche hat dich im Griff,
so dass du keinesfalls vergessen kannst.
Darfst du dich trauen,
an etwas Normalität zu glauben?
Die Angst sitzt tief.

Fast zwangsläufig keimt die Hoffnung-
nicht übermütig, sondern bescheiden.
Wenn es doch wenigstens so bliebe.

Der Weg nach vorn

Noch sind die Schuhe zu groß, um festen Halt zu
haben,
aber du wächst.

Mit abgeknickten Ästen stemmst du dich gegen
den Sturm
und trotzt.

Noch befindest du dich in solchen Tiefen, dass
ein Keller ein Platz an der Sonne ist,
aber du blickst hoch.

Noch streifst du durch einen endlosen Irrgarten
ohne Anfang und Ende,
aber du hast ein Ziel vor Augen.

Du hasst Duelle, aber du nimmst die
Herausforderung an
und kämpfst.

Endlosschleife

Du wolltest es schnell hinter dich bringen,
doch aus dem "schnell" wurden Tage, Wochen,
Monate.

"Wenn ich das geschafft habe, wird alles gut",
doch dann kam eine schlimme Überraschung nach
der anderen.

"Jetzt nur noch die ambulanten Behandlungen
und dann ist Schluss",
doch ein Ende ist nicht wirklich in Sicht.

Wie kannst du Freude am Leben haben, Hoffnung
und Zuversicht,
wenn du deinem Körper nicht mehr trauen kann?

Scheinbare Widersprüche

Du bist nicht gläubig,
aber du betest.

Du bist nicht ehrgeizig,
aber du hast noch nie so gekämpft.

Du bist nicht empfindlich,
aber du drohst zusammenzubrechen.

Du bist nicht ängstlich,
aber du glaubst an deiner Panik zu ersticken.

Du bist nicht feige
und willst doch manchmal nur wegrennen.

Du bist nicht geduldig,
aber du hast der Zeit einen anderen Rhythmus
gegeben.

Die Aufgabe eines Schutzengels

Ich möchte dein Kissen sein,
auf dem du ruhst,
wenn du müde bist.

Ich möchte deine Quelle sein,
an der du dich labst,
wenn du durstig bist.

Ich möchte der Sonnenstrahl sein,
der deine Nasenspitze kitzelt,
wenn du traurig bist.

Ich möchte deine Farbe sein,
die deine Welt bunt macht,
wenn alles um dich herum nur noch grau ist.

Ich möchte dein Schirm sein,
der sich über dir entspannt,
um dich vor Regen zu schützen.

Ich möchte der Windhauch sein,
der unter deine Flügel bläst,
wenn du mutlos bist.

Ich möchte der Ast sein,
an dem du dich festhältst,
wenn du den Boden unter den Füßen verlierst.

Ich möchte diejenige sein,
die dich zum Lachen bringt,
wenn dir zum Weinen ist.

Ich möchte deine Tankstelle sein,
an der du deine Batterie aufladen kannst,
wenn deine Energie verbraucht ist.

Ich möchte diejenige sein,
nach der du rufen kannst,
wenn dich die Einsamkeit erdrückt.

Ich möchte die Antenne sein,
die deine Schwingungen empfängt,
wenn du deine Gefühle nicht in Worte fassen
kannst.

Zukunft

Du bist nicht glücklich über das Verlorene, aber
du entdeckst Neues.
Dein Leben erhält eine andere Qualität.

Du erlebst wieder Glücksmomente und weißt um
den Wert.
Zuversicht und Zukunft halten Einzug.

Auch wenn du dir etwas Anderes gewünscht hast,
Dankbarkeit empfindest du für das, was dir
geblieben ist.

Du hast wieder Pläne und verpackst das Erlebte
sorgfältig.
Die Erfahrungen und die Reife nutzt du.

Darf ich?

Staunen erfüllt dich,
ein Gefühl von Lebendigkeit wie schon lange nicht
mehr.

Hoffnung keimt auf,
endlich die Belohnung für deine durchlebten
Albträume.

Zaghaftigkeit stellt sich ein,
darfst du wirklich vertrauen auf das, was du
fühlst?

Freude schleicht sich ein,
trotz aller Skepsis willst du nicht denken,
sondern genießen.

Hallo, wie geht's

Oft werde ich gefragt: wie geht es dir,
ist es eine Floskel oder Interesse an mir?
Hin und wieder habe ich kaum Zeit, eine Antwort
zu geben,
und mein Gegenüber sinniert bereits über das
eigene Leben.

Ich bin vorsichtiger geworden mit dem, was ich
sage,
will keinen überfordern, indem ich mich beklage.
"Es geht so", passt oft ganz gut in des Fragenden
Plan,
die Stimmung ist entspannt, das kommt gut an.

Ich kann mir damit auch die Enttäuschung
ersparen,
das Gefühl, dieser Mensch will gar nichts von mir
erfahren.
Ich akzeptiere Oberflächlichkeit und das Fehlen
von Zeit,
dieses "Wir hören voneinander bei Gelegenheit".

Danke

Dankbar bist du denen, die es aushalten, mit dir
zu schweigen,
und die dir damit ehrliches Mitgefühl zeigen,
die sich nicht schämen, mit dir zu weinen,
wenn alle Wege in Ausweglosigkeit zu münden
scheinen,
die den richtigen Zeitpunkt erkennen, um
Hoffnung zu säen,
denen es gelingt, Gründe für ein Lächeln zu
erspähen.

Aufbruchsstimmung

Ein Jahr ist vorbei,
du kannst es als Erfolg verbuchen.

Die Werte sind gut,
du könntest es mit Gelassenheit versuchen.

Ein Vogel zwitschert,
du beginnst wieder zu lauschen.

Du freust dich auf den Tag,
willst mit niemandem tauschen.

Die Fantasie setzt ein,
du beginnst Pläne zu schmieden.

Du fühlst dich wohl,
lange hast du Feste vermieden.

Du setzt dich zu mir,
fragst nach meinen Gedanken.

Komm lass uns schweben,
wir ignorieren die Schranken.

Wiedergefundener Alltag

Der Alltag kann so wohltuend sein
mit seinen gewöhnlichen Spießigkeiten,
viele Probleme erscheinen eher klein,
mit Gelassenheit begegnest du Widrigkeiten.

Du reihst dich ein in den laufenden Betrieb,
bist froh, wieder dabei zu sein,
hin und wieder ermahnt dich ein kleiner Hieb,
pass auf dich auf, das kannst nur du allein.

Banales signalisiert Normalität,
der Film gestern Abend und das Wetter von
morgen,
heute weißt du, für's Leben ist es nicht zu spät
wenn auch nie ganz ohne Sorgen.

Ziele

Ich möchte,
ich wünsche,
ich träume,
ich will,
ich habe Visionen,
oder sind es nur Illusionen?

Ich kämpfe,
für das, wovon ich glaube,
dass es mich glücklich macht.

Noch

Noch - ein Inbegriff von Gegenwart,

noch habe ich etwas zu sagen,
noch bin ich voller Hunger auf Leben,
noch bin ich auf der Suche nach Möglichkeiten,
noch bin ich in der Lage, mein Dasein zu
gestalten,
noch geht Vieles, wenn auch nicht Alles.

Noch - ein Inbegriff von Endlichkeit,

noch habe ich ein Maß an Unabhängigkeit
bewahrt,
noch kann ich auf Ressourcen zurückgreifen,
noch - ein Klang von Zuversicht und Erwartung,
noch - ein Hauch von Zweifel,
noch - noch immer - wie lange noch?

Noch- ein Begriff von Hoffnung,

solange es ein Noch gibt, gibt es ein Morgen.

Mein Traum

Mein Traum zeigt mir mein Ziel,
er gibt mir Mut und Kraft,
Dinge zu ändern, die veränderbar sind
und der Welt ein anderes Antlitz zu geben.

Mein Traum stößt an,
er ermuntert für die ersten kleinen Schritte,
denen dann vielleicht größere folgen,
um dann mehr zu sein als nur ein Traum.

Solange ich lebe, träume ich,
und solange ich träume, lebe ich.

Ich weiß nicht

„Haben sie mal einen Stadtplan?
Ich weiß nämlich nicht, wohin ich will."

„Dann hilft ihnen der Stadtplan aber auch nicht
weiter."

„Schon möglich, aber ich sehe,
wohin man könnte."

„Und was machen sie dann?"

„Ich schließe die Augen
und tippe mit dem Finger auf ein Ziel.
Das nennt man Intuition."

Was tun sie, wenn ihnen das Ziel nicht gefällt?"

„Dann lag der Plan sicher falsch
und der Versuch muss wiederholt werden."

„Was ist, wenn ihnen das Ziel wieder nicht
passt?"

„Dann besorge ich einen anderen Stadtplan."

„Sie könnten doch aber selbst bestimmen, wohin sie wollen."

„Richtig. Aber dann gehe ich das Risiko ein, mich falsch zu entscheiden."

„Am Ende käme doch das Gleiche heraus, nämlich unzufrieden zu sein."

„Stimmt ,aber dann könnte ich die Verantwortung auf das Verfahren schieben."

So oder so

Deine Bewertung einer Situation
entscheidet über dein Handeln,
auch wenn es manchmal so aussieht,
als hättest Du keine Wahl.

Lebenshilfe

Ordne deine Gedanken,
gestalte deinen Tag,
gib deinem Leben einen Sinn.

Nimm endlich das Zepter in die Hand,
lasse dich nicht mehr nur treiben
und du wirst etwas von dem spüren,
was du vermisst,

Stecke dir Ziele,
Erreichtes macht dich stolz,
Verantwortung stärkt dein Selbstbewusstsein.

Du bist, was du denkst,
versuche deinen Blick zu heben,
schicke deine Gedanken auf die Reise.
Träume dich an einen schönen Ort.

Relationen

Es ist wie Hohn,
du liegst hier und draußen scheint die Sonne,
in der Nähe lacht ein Kind,
im Park küsst sich ein Pärchen,
im Radio erklingt Volksmusik.

Du fühlst dich verraten.

Es ist wie Hohn,
du erhältst eine gute medizinische Versorgung,
in Afrika verhungert gerade ein Kind,
in der dritten Welt fehlt der Impfstoff zum
Überleben,
irgendwo sterben Menschen durch sinnlose
Kriege.

Du willst dich bescheiden.

bereits erschienen:

Das Heute zählt

Wenn Menschen ihre Erinnerungen verlieren,
geht oftmals weit mehr verloren,
da es für die Umwelt unerhört schwer ist,
den Verlust zu begreifen und zu akzeptieren.

Gedichte

Angela Weiland, BOD Verlag, Norderstedt, 2010
ISBN - 978-3-8423-5789-1

Gefühlte Texte

Aus meinem Leben mit einer chronischen Erkrankung

Gedichte

Angela Weiland, Mauer Verlag, Rottenburg, 2008
ISBN - 978-3-86812-153-7

Geschichten zum Mitmachen

Rätsel müssen gelöst werden,
damit die Erzählung weitergeht

8 Geschichten für Kinder(4-6Jahre)

Angela Weiland, BOD Verlag, Norderstedt, 2010
ISBN - 978-3-83914-201-1